RÈGNE ANIMAL

INSECTES

Par Steve Parker

Conseillère en Matière de Contenu : Debbie Folkerts, Ph. D.,
Professeur Adjointe de Sciences Biologiques,
Auburn University, Alabama

Conseiller Scientifique : Terrence E. Young Jr., M. Éd.,
M.L.S., Jefferson Parish (Louisiana) Public School System

Broquet

97-B, Montée des Bouleaux
Saint-Constant, Qc, J5A 1A9
Tél. : 450 638-3338 Téléc. : 450 638-4338
Internet : www.broquet.qc.ca / Courriel : info@broquet.qc.ca

Catalogage avant publication de Bibliothèque et Archives Canada

Parker, Steve

Insectes

(Règne animal)
Traduction de : Ant lions, wasps & other insects.
Comprend un index.
Pour les jeunes.

ISBN 978-2-89000-845-8

1. Insectes - Ouvrages pour la jeunesse. 2. Insectes - Ouvrages illustrés - Ouvrages pour la jeunesse. I. Titre. II. Collection : Monde animal (Saint-Constant, Québec).

| QL467.2.P3714 2007 | j595.7 | C2006-942029-7 |

POUR L'AIDE À LA RÉALISATION DE SON PROGRAMME ÉDITORIAL, L'ÉDITEUR REMERCIE :

Le Gouvernement du Canada par l'entremise du Programme d'Aide au Développement de l'Industrie de l'Édition (PADIÉ) ; La Société de Développement des Entreprises Culturelles (SODEC) ; L'Association pour l'Exportation du Livre Canadien (AELC).

Le Gouvernement du Québec - Programme de crédit d'impôt pour l'édition de livres Gestion SODEC.

Titre original : Animal kingdom classification - INSECTES
Copyright © 2005 par David West Children's Books

Pour le Québec : Tous droits réservés © Broquet Inc., Ottawa 2007
Dépôts légal - Bibliothèque nationale du Québec
1er trimestre 2007

ISBN 978-2-89000-845-8

Traduction Chantal Boulanger
Révision Jeanlou Mallette-Carrier
Infographie Chantal Greer

Provenance des photos :

Abréviations : h = en haut, m = au milieu, b = en bas, d = à droite, g = à gauche, c = au centre.

Pages 13h John Downer / naturepl.com ; 16d, Dietmar Nill / naturepl.co 17h, Solvin Zankl / naturepl.com ; 17g, Geoff Dore / naturepl.com ; 18d PREMAPHOTOS / naturepl.com ; 19d, Hans Christoph Kappel / naturepl.com ; 20d, Ingo Arndt / naturepl.com ; 21cd, Doug Wechsler / naturepl.com ; 22h, Doug Wechsler / naturepl.com ; 23d PREMAPHOT naturepl.com ; 25d, PREMAPHOTOS / naturepl.com, 25b, Duncan McEwan / naturepl.com ; 26h, Martin Dohrn / naturepl.com ; 26g, PREMAPHOTOS / naturepl.com ; 27d, PREMAPHOTOS / naturepl.com 28d, Chris Packham / naturepl.com ; 29h, Jose B. Ruiz / naturepl.com ; 29 Hans Christoph Kappel / naturepl.com ; 29d, Mike Wilkes / naturepl.com 30c, DUNCAN McEWAN / naturepl.com ; page 31g, Adrian Davies / naturepl.com ; 32c (principale), Bruce Davidson / naturepl.com ; 33h, PREMAPHOTOS / naturepl.com ; 34g, David Welling / naturepl.com ; 34d, Jeff Foott / naturepl.com ; 35hd, John Cancalosi / naturepl.com ; 36h PREMAPHOTOS / naturepl.com ; 38h, Jose B. Ruiz / naturepl.com ; 38g, Adrian Davies / naturepl.com ; 39h, Dietmar Nill / naturepl.com ; 40h, Jos Ruiz / naturepl.com ; 42bg, Peter Hansen ; 42bd, Linda Bucklin ; 43g, Nial Benvie / naturepl.com ; 43d, Oxford Scientific Films ; 45b, Digital Vision.

Couverture : un coléoptère
Page ci-contre : une nymphe de libellule

RÈGNE ANIMAL

INSECTES

Steve Parker

TABLE DES MATIÈRES

INTRODUCTION

Aucun autre type d'animal n'est aussi varié, ou aussi nombreux, ou ne se trouve dans autant d'habitats différents que les insectes. Ils ne sont absents qu'en haute mer. Dans une forêt tropicale, ils représentent plus de la moitié de la masse de toutes les créatures qui y vivent. Un seul essaim de criquets peut être composé de plus d'individus qu'il y a de personnes sur la Terre.

Les insectes constituent le plus important groupe du règne animal. Le nombre d'espèces différentes est beaucoup plus élevé que celui de tous les autres types d'animaux réunis. Jusqu'à ce jour, environ un million d'espèces d'insectes différentes ont été décrites par les scientifiques. Il est presque certain que plusieurs autres millions d'espèces d'insectes attendent d'être découvertes dans des forêts, des cavernes et des vallées lointaines.

LA PUISSANCE DES FOURMIS

L'un des insectes les plus connus est l fourmis. Il en existe plus de 9 000 esp ces. Dans certaines régions, les fourm creusent plus de sol que les vers de terre et mangent plus de nourriture qt tous les autres animaux mis ensemble Une seule fourmilière peut abriter plus d'un million d'individus.

6

VIVE LES INSECTES !

Les insectes se retrouvent dans tous les habitats terrestres et d'eau douce, des sommets des montagnes en passant par les déserts les plus arides et les rivières aux débits les plus rapides. Certains insectes changent facilement d'habitats. D'autres sont restreints à une seule région et à une seule source alimentaire, par exemple à un seul type d'arbre.

LE SUCCÈS DES INSECTES

Une des raisons qui expliquent le succès des insectes est leur passage par quatre stades de vie différents, connu sous le nom de métamorphose. Presque tous les insectes éclosent d'œufs. Les oothèques peuvent être tellement robustes qu'elles peuvent résister aux conditions les plus rudes, qu'elles soient gelées ou presque bouillies.

Le cycle biologique complet d'un insecte peut être rapide. Dans certains cas, il ne dure que quelques semaines. Les insectes peuvent se reproduire tellement rapidement qu'ils peuvent engendrer un nombre important d'individus en quelques mois. Cela a son importance, car, dans la majorité des habitats, les insectes sont les principales proies pour toutes sortes de créatures plus grandes. Les insectes doivent donc se multiplier rapidement afin de remplacer ceux qui sont mangés et de maintenir leur population.

DANS CHAQUE HABITAT

La rapidité du cycle biologique présente d'autres avantages. Dans certains habitats, les conditions de reproduction ne sont favorables que pendant un court laps de temps, par exemple au cours d'une averse dans un désert. Les insectes à cet endroit se reproduisent rapidement, puis leurs œufs robustes survivent durant les longues périodes de sécheresse.

LES FORÊTS TEMPÉRÉES
Une sauterelle verte

LES MILIEUX HUMIDES
Une demoiselle

LES FORÊTS CLAIRES
Des gendarmes

LES RÉGIONS POLAIRES
Un moustique

LES DÉSERTS
Des criquets

LES PRAIRIES
ET LA BROUSSE
Un bousier

LES INSECTES À ÉVITER

Il y a dans la plupart des habitats quelques insectes qui représentent un danger pour les êtres humains. Certains ont des morsures ou des piqûres venimeuses, comme c'est le cas chez les fourmis et les guêpes. D'autres sont des parasites hématophages et, à mesure qu'ils boivent leurs repas, ils transmettent de minuscules microbes qui causent une maladie. Ces insectes dangereux ont tendance à vivre dans les régions les plus chaudes de la planète.

Les couleurs vives de la guêpe indiquent la présence d'un danger.

LES RIVIÈRES ET LES LACS
Un grand léthocère

LES CORPS D'INSECTES

Un insecte adulte se reconnaît assez facilement. Il est composé de trois parties principales : la tête, le thorax et l'abdomen. Le thorax est habituellement muni de six pattes et de deux ou quatre ailes. Il existe cependant un nombre infini de variations de ce modèle simple.

ENVELOPPE CORPORELLE

La plupart des insectes ont une enveloppe corporelle résistante appelée une cuticule. Cette cuticule protège les parties internes molles comme les intestins, les muscles et les vaisseaux sanguins. Les muscles sont reliés à la face interne de la cuticule et permettent le mouvement des pattes, des ailes, de la bouche ainsi que celui d'autres parties. L'enveloppe corporelle de l'insecte représente donc également son squelette. Étant donné que celui-ci se situe du côté externe, il s'agit d'un exosquelette.

ŒIL COMPOSÉ

Les insectes possèdent des yeux composés formés de plusieurs unités séparées en forme de bâtonnets appelées ommatidies. Chacune d'elles capte une minuscule partie de la scène. Ces images sont combinées pour donner une vue d'ensemble. Voir la coupe transversale.

La cornée

Le rhabdome

Le cristallin

Le nerf optique relié au cerveau

Le cœur

Le cerveau

Le jabot

La hanche

Le trochanter

Le fémur

LES PIÈCES BUCCALES

Les pièces buccales des différents insectes sont adaptées à leur nourriture spécifique. Les pièces buccales peuvent ressembler à des éponges, des ventouses, des ciseaux ou des aiguilles creuses. Les pièces buccales d'une abeille comprennent des mâchoires, qui s'ouvrent et se ferment d'un côté vers l'autre, comme des tenailles. Sa longue langue lape le nectar, soit le liquide sucré des fleurs.

Une abeille prend le nectar d'une fleur.

LE CERVEAU ET LES NERFS

Le nerf principal relié au cerveau se situe le long de la face inférieure du corps. Il possède des renflements, connus sous le nom de ganglions, lesquels coordonnent différents ensembles de muscles.

Le tibia

Les tarses

LES PATTES

Chaque patte est composée d'une petite hanche et d'un petit trochanter, ainsi que d'un fémur et d'un tibia, et se termine par un pied, ou tarses, doté de griffes.

LES PARTIES PRINCIPALES

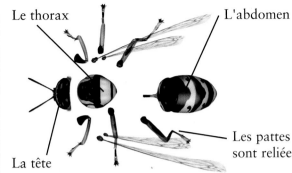

Le thorax

L'abdomen

La tête

Les pattes et les ailes sont reliées au thorax.

La tête d'un insecte est le centre de ses sens, grâce aux yeux, aux pièces buccales qui lui permettent de goûter, et aux antennes qui détectent les mouvements et les odeurs. Le thorax est muni des pattes et des ailes. L'abdomen, quant à lui, contient principalement les parties pour la digestion, l'évacuation des déchets et la reproduction.

LES AILES

La plupart des insectes adultes possèdent deux paires d'ailes. Les muscles à l'intérieur du thorax tirent sur sa partie supérieure afin de déplacer les ailes vers le haut et vers le bas.

LE CŒUR ET LE SANG

Le cœur est un tube situé près de la partie antérieure du thorax. Il pompe le sang dans un long vaisseau supérieur et dans des vaisseaux à travers le thorax et l'abdomen.

Les muscles verticaux tirent, et la partie supérieure est amenée vers le bas.

Un sac aérien

Des stigmates

Une trachée

Les ailes se déplacent vers le haut.

Les muscles horizontaux se contractent, et la partie supérieure du thorax se soulève.

LA RESPIRATION

L'air passe par des orifices, appelés stigmates, situés le long des côtés du corps puis par des tubes, ou trachée.

Le nerf principal

Intestin oyen

Les ailes se déplacent vers le bas.

LA DIGESTION

La nourriture est envoyée dans le jabot, qui ressemble à un sac, pour y être entreposée. Elle est ensuite dirigée vers l'intestin moyen, où elle est digérée et où les nutriments sont répartis dans le corps. Avant d'être évacués, les déchets sont entreposés dans l'intestin postérieur.

DU SANG TOXIQUE

Le sang de certains insectes, comme les coccinelles, est poison ou toxique. Les prédateurs apprennent rapidement à reconnaître les couleurs vives des insectes en guise d'avertissement et ils les évitent.

11

LES PREMIERS INSECTES

Les insectes ont été parmi les premiers animaux à aller sur la terre et, à notre connaissance, les premiers à voler dans les airs. Tout cela s'est produit il y a de cela des millions d'années.

DES FOSSILES D'INSECTES

Notre connaissance des premiers temps de la vie nous provient des fossiles. Ceux-ci sont les restes d'animaux et de végétaux conservés dans la roche ou transformés en pierres. La plupart des insectes sont petits, et leur corps se décompose rapidement. Les fossiles d'insectes ne sont donc pas aussi nombreux que ceux des plus gros animaux dotés d'os et de dents durs, comme c'est le cas pour les dinosaures.

Les plus anciens fossiles d'insectes datent d'environ 350 millions d'années. La vie se répandait de l'eau vers la terre, et les insectes furent parmi les premières nouvelles créatures sur la terre. Ils avaient la taille de petites fourmis et ressemblaient aux insectes appelés aujourd'hui collemboles.

LE MEGANEURA

Cette libellule préhistorique était un géant comparativement aux types d'aujourd'hui. Elle possédait une envergure de près de 60 centimètres.

DES MARÉCAGES DANGEREUX

Même il y a de cela 300 millions d'années, les insectes étaient la proie d'autres animaux terrestres. De gros amphibiens ressemblant à des tritons et d'anciens reptiles s'apparentant à des lézards les traquaient et les chassaient.

DANS LES AIRS

Il y a 300 millions d'années, les insectes se sont mis à voler. Le climat était chaud et humide, et la majorité du sol était marécageuse. Des libellules géantes voletaient entre les immenses fougères, et parmi les tiges couraient d'anciennes blattes. Depuis, plusieurs autres types d'insectes sont apparus et disparus. Il y a environ 100 millions d'années, les papillons, les abeilles et d'autres insectes familiers ont commencé à apparaître en même temps que les fleurs.

ENFERMÉES DANS L'AMBRE

L'ambre est le liquide, ou la résine, séché et durci qui suinte de certains végétaux, surtout des arbres à feuillage persistant. Il arrivait parfois que de petites créatures restaient prises dans la résine. Le liquide continuait de s'écouler, puis les recouvrait avant de durcir. Plusieurs insectes, comme cette chrysope, ont été merveilleusement bien conservés dans les moindres détails à l'intérieur de morceaux d'ambre.

PEU DE CHANGEMENTS

Les blattes (ci-dessus) et les corydales cornues (à droite) d'aujourd'hui ressemblent à leurs cousins préhistoriques. Les premières corydales cornues sont apparues il y a plus de 250 millions d'années, juste avant les dinosaures. Certaines avaient une envergure de 20 cm.

LES LIBELLULES D'AUJOURD'HUI

Comme son ancêtre éloigné, la libellule d'aujourd'hui ne peut pas replier ses ailes. Elle les maintient habituellement déployées sur les côtés. Étudier de tels détails chez les insectes vivants permet d'obtenir plusieurs indices sur la façon dont ils ont évolués.

Au repos, les ailes d'une libellule sont étendues.

13

LE POUVOIR DE VOLER

Il n'y a que trois groupes d'animaux qui règnent en maîtres dans les airs : les chauves-souris, les oiseaux et les insectes. Leurs ailes sont l'une des raisons qui expliquent le succès des insectes. Elles leur permettent d'échapper au danger et de se déplacer sur de grandes distances afin de trouver leur nourriture ou leurs partenaires.

UN VOL RAPI

Les libellules sont p
les insectes les plus rap
Elles peuvent atteindre des vit
de 60 kilomètres-heure pe
un court laps de te
au moment où elles fo
sur de petites p

QUATRE AILES

La plupart des insectes possèdent deux paires d'ailes. Toutefois, chez certains types d'insectes, seule une paire est utilisée pour voler. Il s'agit habituellement de la paire postérieure. Les ailes antérieures sont plus petites et plus dures, et elles protègent la paire d'ailes postérieures, comme c'est le cas chez les sauterelles et les blattes. Chez les coléoptères, les ailes antérieures sont complètement rigides et recouvrent la paire d'ailes postérieures ainsi que la majorité du corps. Ces ailes rigides sont appelées *élytres*.

L'ENVOL DU COLÉOPTÈRE

Lorsqu'un bupreste prend son envol, il soulève ses élytres rigides et colorés, et les tient ouverts pour laisser la voie libre. C'est à ce moment que la paire d'ailes postérieures transparentes peut s'ouvrir complètement pour le vol.

LES VITESSES DES BATTEMENTS D'AILES

Les gros papillons, comme le machaon, battent des ailes aussi peu que quatre fois à la seconde. Certains petits moucherons et cécidomyies peuvent battre des ailes plus de 1 000 fois à la seconde. La vitesse des battements d'ailes d'une abeille est de 180 à 220 battements à la seconde. C'est ce battement d'ailes qui produit le bourdonnement de l'abeille.

DES AILES RELIÉES

Sur chaque côté du corps d'une guêpe, les ailes antérieures et postérieures sont reliées ensemble par une structure en crochet. Cela permet que le battement des ailes s'effectue comme s'il n'y avait qu'une unique aile.

LE POUVOIR DE VOLER

Le battement d'ailes est exécuté par des muscles puissants situés dans le thorax. Les insectes « primitifs », comme les libellules et les blattes, sont dotés d'un système direct où les muscles vont de la paroi du thorax à la base de chaque aile. Les insectes plus « évolués », comme les mouches, les papillons, les coléoptères et les abeilles, sont pourvus d'un système indirect où les muscles tirent sur le thorax lui-même.

Chez la plupart des insectes, l'aile est constituée d'une membrane très mince et transparente solidifiée par un réseau d'embranchements de petits tubes appelés veines. Chaque veine renferme un vaisseau sanguin très mince, un nerf et une trachée (tube d'air).

Un porte-queue

Des écailles agrandies

DES AILES ÉCAILLEUSES

Les papillons diurnes ainsi que les papillons nocturnes sont des lépidoptères, ce qui signifie « aile écailleuse ». Des milliers d'écailles microscopiques recouvrent les ailes, comme une fine poudre, ce qui produit les motifs et les couleurs.

LES BALANCIERS

Les diptères ou « vraies mouches » possèdent une paire d'ailes fonctionnelle. La paire d'ailes antérieures, appelées haltères, a la forme de petites baguettes de tambour et elle pivote rapidement pour aider à maintenir l'équilibre. Les vraies mouches comprennent les moucherons, les mouches domestiques et la tipule (ci-dessus).

LES AILES LES PLUS LONGUES

Les insectes qui possèdent les plus grandes envergures sont certains papillons diurnes et papillons nocturnes. Ils comprennent le porte-queue Queen Alexandra de la Papouasie Nouvelle Guinée, le papillon nocturne Hercule d'Australie et de Nouvelle-Guinée ainsi que l'atlas de l'Asie du Sud-Est. Leurs envergures sont d'environ 28 à 30,5 cm. Chez les libellules, c'est la libellule *Megaloprepus* qui possède la plus grande envergure, soit 19 cm.

Plus de 10 types de porte-queue sont parmi les plus grands insectes capables de voler.

DES PATTES ET ENCORE DES PATTES

Les insectes sont munis chacun de six pattes, mais pas toujours durant toute leur vie. Les jeunes mouches et coléoptères sont connus sous forme d'asticots et de larves, et plusieurs d'entre eux ne possèdent pas de pattes du tout.

DES PATTES ARTICULÉES

Les insectes, les araignées ainsi que d'autres animaux semblables sont des arthropodes, ce qui signifie « pattes articulées ». La patte d'un insecte est divisée en six à neuf parties, qui ressemblent à des tubes vides, reliées par des articulations flexibles. Les muscles à l'intérieur des tubes font bouger la patte, et cette patte est reliée au thorax.

BONDIR ET VOLER
Les sauterelles, les grillons et les criquets font des bonds énormes en « dépliant » leurs pattes postérieures. Les pattes se mettent droites dans un mouvement en deux étapes, projetant l'insecte dans l'air.

« PRIER » POUR UNE PROIE
Les mantes religieuses possèdent des pattes antérieures qui se joignent, comme lorsqu'une personne prie. Chaque patte est dotée d'une rangée d'épines et se replie sur elle-même comme un canif afin de retenir une proie, par exemple des mouches.

EN MOUVEMENT

La majorité des insectes utilisent leurs six pattes pour se déplacer. Cependant, ils le font de différentes façons. Chez les blattes, les coléoptères et les fourmis, les six pattes sont environ de la même taille, et ces insectes peuvent marcher et courir. Chez les sauterelles, les grillons et les puces, la troisième paire de pattes, soit la paire de pattes postérieure, est plus grosse et plus puissante que les deux autres paires. Ces insectes se déplacent en exécutant de grands bonds ou sauts. Une puce peut bondir à une hauteur de plus de 100 fois sa taille.

Comme c'est le cas pour la mante, certains insectes utilisent leurs pattes pour attraper leur nourriture. En vol, les pattes d'une libellule pendent sous son corps. Elles forment un « panier » pour capturer de petites proies, comme des moucherons et des cécidomyies, en plein ciel.

DES PATTES QUI CREUSENT

Les pattes antérieures de la courtilière sont larges, comme des pelles. Le mâle creuse un terrier dans lequel il stridule pour attirer une femelle. Puis, la femelle creuse une chambre pour y pondre ses œufs.

DES PATTES SPÉCIALISÉES

Ce ne sont pas tous les insectes qui possèdent des pattes adaptées pour marcher ou pour courir. Le pou, un insecte nuisible hématophage, est muni de pattes en forme de crochets. Ces pattes font piètre figure pour courir, mais sont excellentes pour saisir et pour se cramponner aux cheveux, aux poils ou à la peau d'autres créatures. D'autres insectes possèdent des pattes aux habiletés surprenantes. Les pattes d'une mouche fonctionnent très bien pour marcher, mais également pour goûter. De petits détecteurs de goût sont répartis sur les pieds de la mouche. Lorsqu'une mouche se pose sur une substance, elle sait immédiatement si cette substance est comestible ou pourrait représenter un danger.

DES PATTES POUR NAGER

Chez les insectes habitant au bord de l'eau, tels que les dytiques et les notonectes, les pattes sont larges et munies de franges de poils raides. Les pattes font office de pagaies, ce qui permet à l'insecte de se déplacer rapidement dans l'eau.

Les pattes postérieures du dytique marginé fonctionnent comme des avirons velus.

LE LÉPISME

Ce lépisme est muni de la configuration typique des pattes d'insectes, soit de six membres étroits permettant de marcher et de courir. Les pattes bougent deux paires à la fois afin que le corps demeure bien soutenu.

LES SENS CHEZ LES INSECTES

La vue, l'ouïe, l'odorat, le goût et le toucher. Les insectes possèdent les mêmes principaux sens que nous. Toutefois, certains de leurs organes sensoriels fonctionnent de manière très différente par rapport aux nôtres.

LES YEUX ET LA VUE

La plupart des insectes ont des yeux à la fois simples et composés. Un œil composé est formé de plusieurs sections séparées, les ommatidies, qui travaillent ensemble pour former une vue en morceaux, comme une mosaïque. Cela ne donne pas aux insectes une vision très claire aux insectes de leur environnement, mais cela leur permet de détecter même les très petits mouvements.

LE CÉRAMBYCIDÉ

Les « cornes » du cérambycidé sont des antennes très longues. Ces coléoptères se déplacent souvent la nuit, bougeant leurs antennes et frappant légèrement les objets afin de trouver leur chemin dans le noir.

L'OUÏE

La majorité des insectes peuvent entendre, mais de façon limitée. Leurs « oreilles » sont des morceaux de cuticule minces, flexibles et qui ressemblent à de la peau. Ces oreilles se retrouvent à différents endroits selon les insectes. Par exemple, elles se situent sur les genoux des sauterelles et sur l'abdomen des blattes. Souvent, ces oreilles ne détectent que les cris sexuels des insectes de la même espèce.

DES YEUX DE « BESTIOLE »

Les surfaces des petites unités, ou ommatidies, qui composent l'œil composé d'un insecte ne peuvent être perçues que sous forme de petits points brillants sur les yeux globuleux de cette mouche (à gauche).

DES ANTENNES UTILES

Chez beaucoup d'insectes, les antennes sont porteuses de plusieurs sens. Elles permettent à l'insecte de sentir les objets par toucher direct et de répondre aux moindres mouvements et vibrations. Elles permettent de détecter les déplacements du vent et de l'eau. Les antennes perçoivent également les odeurs qui flottent dans l'air, surtout celles d'une proie, d'ennemis ou de partenaires durant la période de reproduction. Elles permettent aussi à l'insecte de goûter.

Comme chez les autres créatures, les sens des insectes sont adaptés à leur habitat et à leur mode de vie. Les antennes d'un grillon caverni-cole aveugle peuvent faire trois fois sa taille. Elles sont extrêmement sensibles au toucher, aux odeurs, au goût et aux petites vibrations dans l'air causées par les créatures qui se déplacent dans le noir tout près du grillon.

DES ODEURS POUR L'ACCOUPLEMENT

Durant la période de reproduction, certains types d'insectes, habituellement les femelles, relâchent certaines odeurs spéciales appelées phéromones. Celles-ci se propagent dans l'air et sont détectées par les mâles de la même espèce. Pour trouver la femelle, le mâle suit l'odeur. Certains papillons nocturnes mâles peuvent reconnaître une femelle qui se trouve à plus de 3,2 km.

Les antennes d'un papillon nocturne mâle qui permettent de détecter les phéromones.

LA STRIDULATION DE LA SAUTERELLE

La sauterelle ou le grillon mâle stridule pour attirer une femelle pendant la période de reproduction. Les sons sont perçus par des morceaux de cuticule minces qui vibrent et qui sont situés sur l'articulation du genou ou l'abdomen de la femelle. Ces morceaux de cuticule réagissent à très peu d'autres sons.

L e camouflage est le fait d'être coloré, de porter des motifs et d'avoir une forme précise dans le but de se fondre dans l'environnement. Plusieurs insectes se camouflent, alors que d'autres désirent attirer l'attention.

LES CARACTÉRISTIQUES DU CAMOUFLAGE
Les deux caractéristiques principales du camouflage sont la couleur et le motif. Les insectes d'un vert vif ont tendance à vivre parmi les jeunes feuilles fraîches. Les insectes bruns demeurent habituellement au sein de vieilles feuilles mortes et au sol. La forme est également importante dans le camouflage. Les parties du corps des insectes de feuillage sont larges, vertes et en forme de feuille, tandis que leurs proches cousins, les phasmes, ou « bâtons qui marchent », possèdent des corps et des pattes minces, bruns et en forme de brindille.

DES IMITATEURS DE PLANTES
Les insectes de feuillage ainsi que les phasmes (photo insérée en cartouche) appartiennent à l'ordre d'insectes connu sous le nom de Phasmatodea. *Même leurs œufs ont une forme et une couleur leur permettant de ressembler à des graines de plantes.*

LE COMPORTEMENT
Une autre caractéristique du camouflage est le comportement. Lorsque le vent souffle, les insectes défoliateurs et les phasmes s'inclinent et se balancent avec les brindilles et les feuilles qui les entourent. Les insectes qui ressemblent à des fleurs, à des épines ou à des bourgeons demeurent immobiles lorsque d'autres animaux sont à proximité.

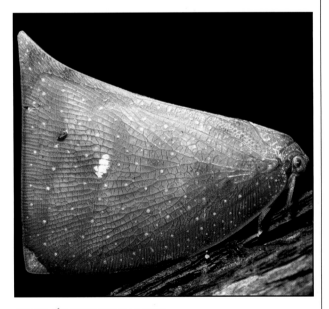

UNE ÉPINE VIVANTE
Les membracides se tapissent sur des brindilles ou des branches de façon à passer pour des épines. La majorité d'entre eux se nourrissent en aspirant le suc de la plante.

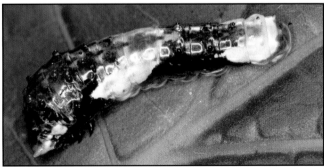

PAS TRÈS APPÉTISSANT
La plupart des animaux évitent les déjections d'animaux, ce qui fait que la chenille qui ressemble à une fiente n'est habituellement pas dérangée.

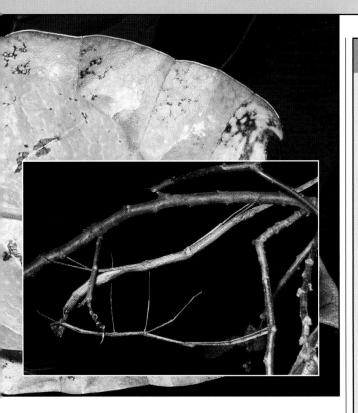

COULEURS VOYANTES

...n d'éviter les prédateurs, certains insectes utilisent ...ratégie opposée. Leurs couleurs vives et leurs mo-...ressortent. Habituellement, ces insectes possèdent ... chair au goût horrible, dégagent des liquides ...goût infect ou sont recouverts de poils piquants. ...ès qu'un prédateur se fut frotté à l'un de ces types ...roie, le prédateur apprend à reconnaître la colo-...on et il laisse les créatures voyantes tranquilles.

LES IMITATEURS

Certains insectes possèdent des couleurs vives même s'ils ne sont pas dangereux ou n'ont pas mauvais goût. Ils sont qualifiés d'imitateurs, car ils imitent ou copient les véritables couleurs d'avertissement des insectes semblables. Le vice-roi est une imitation du monarque dont la chair possède vraiment un goût amer. Ce mimétisme protège donc le vice-roi.

Les oiseaux, et autres prédateurs semblables, évitent le monarque à cause de son mauvais goût.

Le vice-roi ressemble beaucoup au monarque.

ATTENTION – J'AI UN GOÛT HORRIBLE !

Le rouge, l'orange et le jaune sont des couleurs utilisées fréquemment comme avertissement, souvent en combinaison avec du noir ou du blanc. Certaines chenilles amplifient l'effet en se dressant pour se défendre.

QUELLE PUANTEUR !

Certains types de pentatomes suintent un liquide puant au goût amer lorsqu'ils sont menacés. Leurs couleurs vives annoncent cette capacité.

DES CHASSEURS

Certains types d'insectes sont des insectivores. Cela signifie qu'ils chassent, tuent et se nourrissent d'autres insectes. Que ce soit simplement par la force ou à la dérobée, ces prédateurs utilisent toutes sortes de tactiques pour capturer leurs proies.

RAPIDES ET MORTELS

Les principaux groupes d'insectes chasseurs sont les libellules et les demoiselles, les mantes, les chrysopes, les sialis et les corydales cornues ainsi que certains types de punaises, de coléoptères, de mouches, de guêpes et de fourmis. En vol, les chasseurs les plus doués sont les libellules. Elles attrapent des cécidomyies, des moucherons et d'autres petits insectes volants.

Certaines libellules pourchassent leurs proies. Installées sur un perchoir, elles s'élancent pour attraper les proies qui passent. D'autres se promènent, elles sillonnent régulièrement leur territoire, tel que les rives, à la recherche de nourriture. Les jeunes libellules, ou nymphes, vivent dans les étangs et dans les cours d'eau. Elles sont également féroces et mortelles, chassant les vers, les têtards et les jeunes poissons.

ASPIRÉ À MORT

Les insectes appelés hémiptères, ou « vraies punaises » comprennent plusieurs types d'insectes chasseurs. Les réduves maintiennent leurs proies couchées à l'aide de leurs puissantes pattes antérieures, et ils aspirent le sang et les liquides par leur pièce buccale en forme de bec.

UN PRÉDATEUR CHASSEUR

Les libellules qui se jettent sur leurs proies, comme cette Libellula brune, se cramponnent à un rose une brindille ou tout autre perchoir utile (comme cette corde) et surveillent les alentours à la reche de proies.

Une mante-fleur se tapit parmi les pétales en attente de petites créatures. Puis, elle les attrape avec ses pattes antérieures épineuses.

UNE ARAIGNÉE POUR DÎNER

La plupart des jeunes guêpes, ou larves, se nourrissent du corps d'autres animaux. La guêpe adulte chasseuse d'araignées pique et paralyse sa victime. Elle place ensuite l'araignée dans un nid ou une cellule où sa progéniture éclora et mangera la victime vivante.

PHYSIQUE ET CHIMIQUE

Tous les insectes chasseurs n'ont pas besoin d'être gros. Certaines de leurs proies, telles que les minuscules insectes et créatures du sol, comme les nématodes, sont aussi petites que le point à la fin de cette phrase. Les insectes prédateurs qui les chassent, comme certains types de guêpes et de coléoptères, pourraient entrer dans ce « o ».

Plutôt que des armes physiques, comme de grosses mâchoires, certains insectes chasseurs possèdent des armes chimiques. Les guêpes chasseuses sont munies d'aiguillons dotés de substances chimiques puissantes qui tuent ou paralysent leur victime. Certaines de ces guêpes peuvent attaquer d'autres chasseurs féroces, qui font 10 fois leur taille, comme les milles-pattes, les scorpions ou les araignées.

LE ROI DE L'ÉTANG

Dans plusieurs étangs, le dytique marginé est le plus gros insecte chasseur. Ses pattes postérieures, qui ressemblent à des avirons, lui permettent de nager rapidement lorsqu'il poursuit de petits poissons, des têtards et la progéniture (ou larves) d'autres insectes, comme les mouches. Il attrape et déchire ses proies à l'aide de ses grosses mandibules qui ressemblent à des mâchoires. Ces coléoptères volent bien et se promènent d'étang en étang, surtout la nuit.

Le dytique marginé femelle possède des rainures sur son dos.

LES PHYTOPHAGES

Presque toutes les parties de tous les végétaux représentent une source de nourriture pour des insectes quelque part dans le monde. Non seulement les feuilles, les fleurs, les fruits et les graines, mais également les racines, les tiges, les bulbes, les bourgeons, l'écorce, les épines, la sève et même le bois massif.

ATTIRÉ PAR LE NECTAR
Ce machaon, ou papilionidé, a déroulé sa longue trompe, qu'il utilise comme une paille pour aspirer le nectar d'une fleur de trèfle.

DES REPAS DE FEUILLES

Les feuilles sont très nutritives, surtout lorsqu'elles sont nouvelles, tendres et juteuses. Les chenilles de papillons diurnes et de papillons nocturnes, les larves de coléoptères et les larves de tenthrèdes (mouches à scie) qui ont l'aspect d'une chenille, peuvent dévaster des forêts entières en quelques jours.

UNE DIÈTE LIQUIDE

Plusieurs insectes phytophages consomment de la nourriture liquide telle que la sève. Certaines fleurs produisent un liquide sucré qui ressemble à du sirop. Ce liquide est appelé *nectar*. Il attire des insectes comme les papillons diurnes, les papillons nocturnes, les coléoptères, les mouches et les abeilles. Un papillon diurne ou un papillon nocturne aspire le nectar par sa longue pièce buccale en forme de tube, la trompe. Lorsqu'elle n'est pas utilisée, elle se trouve enroulée sous la tête. Pendant que les insectes se nourrissent, leur corps devient recouvert des grains de pollen de la fleur. Les insectes transportent ensuite ce pollen à d'autres fleurs de la même espèce. La fleur peut alors produire des graines.

DÉVORER, DÉVORER
Les sauterelles, les criquets et les grillons, comme cette sauterelle verte épineuse (grillon des broussailles), sont dotés de mandibules qui ressemblent à des dents et qui se déplacent d'un côté à l'autre pour couper des morceaux de feuilles.

UN MENU VARIÉ

*La plupart des types de forficules
(ci-dessus) et des blattes (ci-dessous) sont omnivores,
c'est-à-dire qu'ils se nourrissent d'animaux et de végétaux.
Ils mangent presque tous les types de matières végétales, des
tendres pétales à l'écorce dure. Ils tuent également des créatures
minuscules ou se nourrissent des corps d'animaux morts.*

MANGER SOUS LA TERRE

Les larves de plusieurs coléoptères et mouches
vivent dans le sol pendant un an ou deux.
Elles dévorent les racines des végétaux jusqu'à
ce qu'elles se transforment en adultes.
Certains types de jeunes cigales,
ou nymphes, aspirent le suc
des racines en les perçant à
l'aide de leurs pièces buccales.
Elles demeurent dans le sol
pendant 17 ans avant d'en
sortir sous forme adulte.

LES « VESTES DE CUIR »

*Les « vestes de cuir », qui
possèdent une enveloppe dure,
sont les larves de la tipule.
Elles mangent les racines des
cultures et peuvent être nuisibles
dans les terres agricoles.*

LES CYNIPS

Certains type de larves de guêpe vivent dans les végétaux et s'en nourrissent. Ils aspirent les sucs ou font
des tunnels en mangeant la plante dans les tiges de
bourgeons, de feuilles ou de fruits. La plante répond
en formant une protubérance ou un renflement dur,
appelé une galle, autour de chaque larve. Différents
types de guêpes entraînent différentes sortes de
galles, par exemple la galle du chêne, la galle pail-
letée ou la galle marbrée. Lorsque la larve devient
adulte, elle creuse son chemin vers l'extérieur en
le mangeant, ne laissant qu'un minuscule trou.

*La majorité des cynips sont très petits et ne pondent leurs
œufs que sur un seul type de plante.*

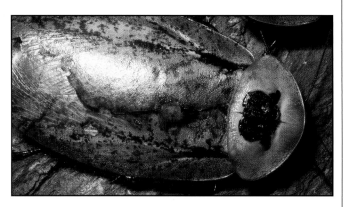

DES PARASITES ET DES INSECTES NUISIBLES

L es animaux qui causent le plus de souffrance et de décès dans le monde ne sont pas de gros prédateurs comme les tigres et les requins. Ce sont les insectes qui propagent de graves maladies telles que le paludisme et la maladie du sommeil.

LES HÉMATOPHAGES

Un parasite est un être vivant qui obtient un abri et de la nourriture à partir d'un autre être vivant, soit l'hôte. Ce faisant, le parasite nuit habituellement à l'hôte. Certains types d'insectes sont des parasites des êtres humains et des animaux, surtout les hématophages comme les moustiques, les puces, les poux et les punaises des lits.

GONFLÉE DE SANG

La femelle du moustique possède des pièces buccales en forme d'aiguille creuse qu'elle enfonce dans la peau des personnes et des animaux afin d'aspirer du sang. Elle utilise ce sang, qui fait gonfler son abdomen comme un ballon rouge, pour produire ses œufs.

DES AGENTS DE PROPAGATION DE MALADIES

Le paludisme est transmis par des anophèles. Pendant que la femelle aspire du sang d'une personne atteinte de paludisme, elle prend également quelques organismes minuscules, les plasmodiums, qui causent la maladie. Lorsqu'elle pique quelqu'un d'autre, la maladie est transmise à cette personne. Les mouches *tsé-tsé* propagent la maladie du sommeil d'une manière semblable.

UNE GUÊPE PARASITE D'UNE AUTRE GUÊPE

Cet ichneumon enfonce son tube de ponte pointu, ou ovipositeur, dans le nid de boue d'un autre type de guêpe. Ses larves vont se nourrir des larves de la guêpe hôte.

LES DOMMAGES CAUSÉS AUX CULTURES

Les champs des cultures agricoles représentent des festins pour certains insectes phytophages tels que les criquets. Certains papillons nocturnes, les jeunes, ainsi que ceux des mouches, des punaises (hémiptères), des coléoptères et des charançons, sont également nuisibles. Lorsqu'il y a beaucoup de nourriture et que le beau temps est au rendez-vous, ils se reproduisent rapidement et peuvent dévorer un champ complet en quelques jours. De tels insectes nuisibles peuvent causer des dommages à toutes sortes de cultures, de celles de carottes et de choux à celles de riz, d'orge et de pommes. Chaque année, cela entraîne une pénurie de nourriture pour des millions de personnes, surtout dans les régions tropicales du monde.

DES ESSAIMS D'INSECTES
À quelques années d'intervalle, les criquets se reproduisent et se rassemblent par millions. En quelques jours, ils peuvent engloutir une quantité de nourriture qui approvisionnerait une ville entière pendant un an.

DES TRANSPORTEURS DE MICROBES

Certains insectes propagent des microbes d'une façon plus générale. Les mouches et les blattes marchent sur la terre, sur des animaux et des végétaux en décomposition et sur des déjections d'animaux. Elles errent ensuite sur nos planchers, nos ustensiles, nos plans de travail et même sur nos aliments. Elles propagent des maladies comme la typhoïde et divers types d'intoxications alimentaires.

LA SALE BLATTE
Certaines blattes sont connues pour infester les cuisines, surtout dans les climats chauds. Elles se nourrissent principalement la nuit. Lorsque la lumière est allumée, elles courent se cacher dans des coins ou des fissures.

« LES ABEILLES TUEUSES »

Les abeilles domestiques sont des insectes utiles et, au cours de plusieurs siècles, elles ont été sélectionnées pour piquer moins souvent. En 1957, en Amérique du Sud, certaines abeilles africaines féroces et plus agressives ont été croisées avec des abeilles locales pour tenter d'augmenter leur production de miel. Les « abeilles tueuses » qui en ont résulté se sont propagées à travers les Amériques.

Les « abeilles tueuses » défendent leur nid en piquant beaucoup plus que les abeilles domestiques ordinaires.

TROUVER UN PARTENAIRE

Les insectes se reproduisent de manières semblables à celles des autres créatures. Une femelle et un mâle se rencontrent et s'accouplent, puis la femelle pond des œufs. Les façons dont les insectes trouvent et choisissent leurs partenaires sont variées et fascinantes.

UNE LUEUR VERTE

Ceux qui sont connus sous le nom de vers luisants sont en réalité des coléoptères. La femelle aptère émet des impulsions de lumière dans le bas de son abdomen afin d'attirer les mâles ailés, qui volent ensuite vers elle.

ATTIRER UN PARTENAIRE

La majorité des insectes ne vivent pas avec beaucoup de leurs congénères. Alors, lorsque la saison de reproduction débute, il arrive souvent que les insectes doivent attirer un partenaire éloigné. Les papillons possèdent des couleurs vives et des motifs afin de capter l'attention des partenaires. Les sauterelles, les grillons et les cigales mâles stridulent ou émettent des bourdonnements forts pour attirer les femelles. Plusieurs types d'insectes, habituellement les femelles, dégagent des odeurs spéciales, appelées phéromones, pour attirer un partenaire. Les mâles détectent ces odeurs grâce à leurs antennes.

DES ODEURS QUI PARCOURENT DE LONGUES DISTANCES

Les odeurs voyagent beaucoup. Cela est particulièrement important dans les forêts où la vue et l'ouïe fonctionnent sur des distances limitées. Les insectes mâles, comme cette saturnie cecropia, possèdent des antennes duveteuses leur permettant de détecter les phéromones dégagées par les femelles qui se trouvent souvent à des centaines de mètres plus loin.

DANGER !

Chez la plupart des types de mantes, la femelle est beaucoup plus grosse que le mâle. Celui-ci doit s'approcher avec précautions ou la femelle pourrait le manger. Le mâle offre souvent une proie fraîchement tuée à la femelle en guise de « cadeau » afin d'attirer son attention ailleurs pendant qu'il procède à l'accouplement.

FAIRE LA COUR

Lorsqu'un insecte femelle et un insectes mâle se rencontrent, ils se font souvent la cour. Cela consiste habituellement en une série d'actions pour vérifier que l'autre insecte est de la bonne espèce, qu'il représente un partenaire compatible et sain et qu'il est du sexe opposé. Se faire la cour peut impliquer un étalement des couleurs, des battements d'ailes, des frottements d'antennes, des frappements de pattes ou un dégagement d'odeurs.

UNE REPRODUCTION SANS L'AIDE DU MÂLE

Certains types d'insectes femelles, comme certains aphidiens, phasmes, éphémères et guêpes, peuvent se reproduire sans la contribution d'un partenaire. Les jeunes sont des clones de leurs mères. Cela signifie que leurs gènes sont identiques. C'est ce que nous appelons la parthénogénèse. Cela se produit habituellement lorsque les conditions sont très favorables à une reproduction extrêmement rapide et en grandes quantités.

IL Y A COMPÉTITION POUR LA FEMELLE

Parfois, deux membres du même sexe ou plus, habituellement les mâles, se battent pour une partenaire. Des scarabées cerfs-volants mâles « luttent » avec leurs mandibules, ou mâchoires, énormes. Les muscles qui activent les mandibules sont si faibles, qu'il est rare qu'il y ait des blessés.

Durant la parthénogenèse, un puceron femelle ne pond pas d'œufs, mais donne naissance à de minuscules petits.

LA CROISSANCE

Les différents types d'insectes grandissent de façons très différentes. Certains éclosent de leur œuf en version miniature de leurs parents et grossissent graduellement. D'autres éclosent avec une apparence complètement différente et doivent passer par différents stades de développement.

DES « ŒUFS » DE FOURMIS
Dans un nid de fourmis, les ouvrières nettoient et tournent régulièrement les œufs. Des larves ressemblant à des asticots éclosent des œufs et sont nourries par les ouvrières. Les larves deviennent ensuite des pupes avec une enveloppe rigide, souvent vendues comme des « œufs » de fourmis en guise de nourriture pour les poissons d'aquarium.

UN LÉGER CHANGEMENT D'APPARENCE
Le premier type d'évolution, où l'insecte grandit en changeant peu la forme de son corps, est connu sous le nom de *métamorphose incomplète*. Cela se produit chez les éphémères communs et les libellules, chez les sauterelles et les grillons ainsi que chez les punaises, les cigales et les aphidiens. Les jeunes sont appelés *nymphes*. Les insectes passent d'un stade de développement à un autre en muant ou en se défaisant de leur enveloppe externe résistante. La nouvelle enveloppe externe demeure molle pendant un certain temps; l'insecte doit donc grandir rapidement avant que son enveloppe devienne rigide.

LES NYMPHES
Les nymphes, comme ces jeunes pentatomes (ci-dessus, à gauche), possèdent la même forme générale que les adultes (ci-dessus, à droite). Elles sont cependant plus petites et peuvent être de couleurs différentes. Les ailes des jeunes pentatomes sont petites et inutiles au début, mais leur taille augmente graduellement (à gauche).

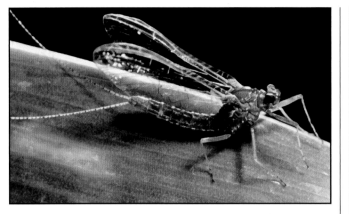

UN STADE DE PLUS

Les éphémères communs subissent un stade de développement inhabituel de plus au cours de leur vie: elles passent par le stade de jeune adulte ou de préreproducteur. Ils émergent de leur stade de nymphe aquatique avec des ailes, mais Ils ne peuvent pas se reproduire. Ce n'est qu'après une mue finale qu'Ils deviennent adultes.

UN CHANGEMENT COMPLET DE FORME

Le second type d'évolution, où le corps de l'insecte se transforme beaucoup durant son développement, est appelé *métamorphose complète*. Il se produit chez les papillons diurnes et les papillons de nuit, chez les coléoptères, chez les vraies mouches (à deux ailes), comme les mouches domestiques, et chez les abeilles, les guêpes et les fourmis. Les larves éclosent des œufs, ce qui est le principal stade de nourrissage. Ces larves portent différents noms usuels. Les larves de papillons diurnes et de papillons nocturnes sont appelées chenilles, celles des mouches sont connues sous le nom d'asticots, et les larves de coléoptères portent le nom de vers.

UNE PRODUCTION DE MASSE

Dans une ruche, les larves vivent dans des « boîtes » à six côtés appelées alvéoles. Elles sont nourries d'un mélange de nectar et de pollen semi-digéré que chaque ouvrière fait monter de son estomac.

LES STADES D'ÉVOLUTION D'UN PAPILLON

Il y a quatre principaux stades dans une métamorphose complète. Premièrement, il y a l'œuf, pondu habituellement près d'une source de nourriture. Une larve éclot de cet œuf. Elle est active, vorace et mue plusieurs fois. Puis, elle se forme une enveloppe rigide comme une coquille et devient une pupe inactive. Mais, à l'intérieur de cette enveloppe, les parties corporelles changent beaucoup. Finalement, l'enveloppe de la pupe s'ouvre, et l'insecte adulte en émerge.

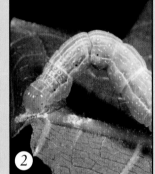

Des larves de papillons éclosent des œufs. Ces larves sont des chenilles ①. Celles ci sont de véritables « machines à dévorer » et se développent rapidement à mesure qu'elles engloutissent des végétaux ②. Après avoir mué cinq fois sur une période de dix à quatorze jours, la chenille devient une pupe recouverte d'une enveloppe rigide appelée chrysalide ③. Deux semaines plus tard, l'adulte ou l'imago, comme le monarque ci-dessous, en sort ④.

VIVRE ENSEMBLE

Il arrive parfois que plusieurs insectes se rassemblent, comme des mouches sur un animal mort. Toutefois, elles ne vivent pas vraiment ensemble, elles ne font que partager de la nourriture. Les principaux insectes qui cohabitent avec d'autres de la même espèce sont les termites et les hyménoptères, soit les abeilles, les guêpes et les fourmis.

LES FRELONS

Les frelons construisent un nid rond, parfois aussi gros qu'un ballon de basket, où vivent 2 000 membres ou plus. Les frelons utilisent leurs puissantes mâchoires pour mâcher le bois jusqu'à l'obtention d'une matière qui ressemble à du papier. C'est avec cette matière qu'ils forment le nid.

DES INSECTES SOCIAUX

Ces insectes « sociaux » cohabitent habituellement dans un nid et travaillent également les uns pour les autres. Chaque membre du groupe, ou de la colonie, a ses propres tâches qu'il accomplit pour le bien de toute la colonie. La reine est habituellement le membre le plus imposant. Sa tâche est de pondre des centaines ou des milliers d'œufs chaque jour.

Les ouvrières prennent soin de la reine. Ces ouvrières sont de petites femelles qui ne peuvent pas se reproduire. Dans certaines colonies, différentes ouvrières ont différentes tâches, comme nettoyer le nid, prendre soin des jeunes ou ramasser de la nourriture. Au sein d'autres groupes, comme les colonies d'abeilles domestiques, chaque ouvrière exécute chaque tâche à tour de rôle.

UNE BUTTE DE TERMITES

Un nid de termite est souterrain. Les minuscules ouvrières construisent une imposante butte à la surface du sol à partir de boue molle qui durcit au soleil. Cette butte aide à protéger le nid et à le garder au frais.

DES ARMÉES EN MARCHE

La plupart des insectes sociaux vivent dans des nids qui demeurent longtemps en place. Ils peuvent durer plus de 100 ans. Toutefois, les fourmis légionnaires et les fourmis processionnaires des tropiques se déplacent régulièrement. Elles s'arrêtent pendant quelques jours à un endroit et attrapent toutes les proies qu'elles peuvent. Puis, elles se « mettent en marche » encore une fois, détruisant toute créature qui se trouve sur leur passage.

Une grosse colonie de fourmis légionnaires peut compter plus d'un million d'individus. Toutefois, certains nids de termites peuvent abriter jusqu'à 10 fois plus de congénères.

LES MOYENS DE DÉFENSE ET LA REPRODUCTION

Si le nid est attaqué, les ouvrières se précipitent à sa défense. Plusieurs d'entre elles sont condamnées à une mort certaine en protégeant les autres ouvrières, qui sont toutes leurs sœurs. Certaines colonies de termites et de fourmis possèdent des soldats dont la tâche consiste à garder le nid. Ces soldats sont de grosses ouvrières dotées de plus grosses mâchoires. Dans la plupart des colonies, seulement quelques membres sont des mâles. Ces rois, ou mâles, font peu de choses autres que de s'accoupler avec la reine. Les nids construits par les insectes sociaux sont parmi les structures les plus complexes fabriquées par un animal, avec des zones différentes pour la reine, pour élever les jeunes et pour entreposer la nourriture.

DES FAÇONS DE COMMUNIQUER

Les insectes sociaux communiquent en se touchant les antennes et en passant des messages chimiques, appelés phéromones, dans le nid ou dans la ruche.

UNE PISTE INVISIBLE

Les fourmis fouilleuses laissent une piste de substances chimiques invisibles, ou phéromones, que les ouvrières suivent pour trouver de la nourriture. Les fourmis coupeuses de feuilles ramènent des morceaux de feuilles au nid et laissent pousser des champignons, dont elles se nourriront, sur les feuilles.

33

DES VOYAGEURS QUI PARCOURENT DE LONGUES DISTANCES

Pourquoi certains insectes sont-ils semblables à certaines baleines, à certains oiseaux ou à certains poissons ? Parce qu'ils migrent ou effectuent de longs voyages régulièrement, habituellement vers des endroits desquels ils reviennent chaque année.

POURQUOI VOYAGER ?

Les conditions autour du monde varient avec les saisons. Dans les régions plus au nord, il y a durant l'été plus de lumière du soleil et de croissance végétale, tandis que l'hiver est sombre et cruellement froid. Une stratégie de survie consiste à voyager vers le nord, où il y a moins de compétiteurs pour la nourriture, pour y passer l'été, et, pour l'hiver, de retourner vers le sud pour les conditions plus douces et plus faciles. L'insecte migrateur le plus connu qui fait cela est le monarque d'Amérique du Nord. Pendant que ces papillons volent vers le nord, ils se reproduisent, passant jusqu'à cinq cycles de vie ou de générations. Le chemin du retour est effectué par une seule génération d'adultes.

VOYAGER VERS LE NORD

Chaque génération de monarques vole sur des centaines de kilomètres vers le nord, puis se reproduit (voir à droite). Cette progéniture se développe et continue le voyage.

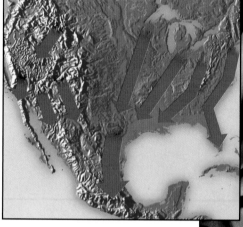

VOYAGER VERS LE SUD

Durant la migration vers le sud, une seule génération de monarques parcourt plus de 4 400 km. Il se peut que ces monarques trouvent leur chemin en sentant la direction du soleil et le champ magnétique de la Terre.

AU REPOS DURANT L'HIVER

Environ 5 millions de monarques se rassemblent sur 45 perchoirs hivernaux, ou aires de repos, dans les arbres de la côte californienne. Dans les hautes terres du Mexique central, 100 millions ou plus se perchent dans environ 11 sites.

L'HIVER DANS LES MONTAGNES

Les coccinelles de la Californie se rendent dans les forêts de la Sierra Nevada en partie en volant et en partie en étant transportées par le vent.

DES VOYAGES OCCASIONNELS

Tout comme les monarques, mais sur des distances plus courtes, plusieurs types de papillons diurnes et de papillons nocturnes ainsi que certains autres insectes, comme les coccinelles, migrent chaque année en suivant le même trajet chaque fois. Une autre sorte de mouvement de masse est entraînée lorsque le nombre d'individus dans une espèce augmente beaucoup, comme chez les criquets. Cela est attribuable habituellement à des conditions favorables. Cependant, si le nombre d'individus devient trop élevé, les insectes viendront rapidement à manquer de nourriture. Ils doivent donc se mettre en route à la recherche d'un autre endroit où la nourriture sera abondante.

LE PRINTEMPS DANS LES VALLÉES

Au début du printemps, les vents changent et ramènent des millions de coccinelles, qui se sont reposées durant l'hiver, vers les plaines chaudes de la Californie pour la période de reproduction.

DES FLÉAUX DE CRIQUETS

Les criquets d'Afrique vivent habituellement seuls dans les régions nordiques arides. Toutefois, s'il y a beaucoup de pluies, ce qui stimule la croissance de végétaux, les criquets se reproduisent rapidement, et leur progéniture se rassemble en essaims. S'il y a à nouveau des pluies assez rapprochées, le nombre d'individus pourrait croître encore plus. Des essaims géants de 50 milliards de criquets s'envolent à la recherche de nourriture fraîche. Ils envahissent de nouvelles régions et détruisent des cultures agricoles, et ce, sur de vastes étendues.

Les régions habituelles

Les régions envahies

Les régions où se retrouvent des criquets d'Afrique.

Lorsque les conditions sont défavorables, les criquets se nourrissent seuls et ne se rencontrent que pour s'accoupler (voir ci-dessus). Cependant, après une bonne saison, leurs couleurs et leurs comportements changent. Leur progéniture est jaune clair, orange et noir (voir à gauche) et elle se rassemble en essaims pour se nourrir.

LES INSECTES DES FORÊTS

Les arbres représentent de véritables festins géants pour toutes sortes d'insectes qui se nourrissent de végétaux, c'est-à-dire les herbivores. Ces herbivores deviennent, à leur tour, une source de nourriture pour leurs cousins prédateurs. Un réseau alimentaire complet, basé sur les insectes, peut se construire autour d'un seul arbre.

DANS LA FORÊT TROPICALE HUMIDE

Les forêts tropicales humides renferment plus d'espèces de végétaux et de créatures qu'à tout autre endroit sur Terre. De plus, dans ces forêts, plus de 95 % des espèces animales sont des insectes. Les coléoptères, les punaises, les phasmes, les insectes de feuillage, les termites et plusieurs autres mangent presque chaque partie de chaque arbre. Les insectes, à leur tour, sont mangés par des grenouilles, des lézards, des oiseaux, et des mammifères comme les musaraignes. Ainsi, les insectes sont un élément central du réseau de la vie dans la forêt.

UN DES SONS LES PLUS FORTS

Ce sont les cigales arboricoles qui produisent les sons les plus forts parmi les insectes. Un seul groupe peut être plus bruyant qu'un marteau-piqueur qui perce une route.

Les cigales mâles bourdonnent pour attirer les femelles.

IL Y EN A ASSEZ POUR TOUT LE MONDE

Les feuilles d'une espèce d'arbre peuvent être mangées par plus de 1 000 types d'insectes différents. L'un des types qui causent le plus de dommages est la larve des tenthrèdes (ci-dessus) qui ressemble à une chenille. Il peut y avoir jusqu'à un million de ces larves sur un arbre énorme. Elles dévorent les feuilles à l'aide de leurs puissantes pièces buccales, qui leur permettent de mâcher les feuilles, et leurs déjections tombent sur le sol comme une pluie.

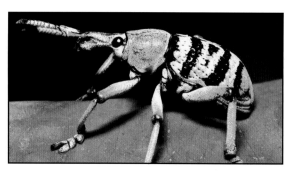

LES CHARANÇONS

Les charançons sont un sous-groupe de coléoptères regroupant plus de 50 000 espèces à travers le monde. La plupart sont dotés d'un long « museau » ou rostre. Différentes espèces se nourrissent de différentes parties des arbres, allant de la sève au bois massif.

LES MOYENS DE DÉFENSE DES ARBRES

Il y a une « lutte » sans fin entre les arbres et les insectes qui s'en nourrissent. Chaque année, les jeunes bourgeons et les feuilles tendres sortent environ à la même période. Les insectes de feuillage éclosent également environ à cette période afin de consommer les nouvelles parties des arbres. Plus tard, les feuilles fabriqueront des substances toxiques, comme les tanins, dans le but de protéger l'arbre des insectes.

UN SCARABÉE VERT

La majorité des insectes qui vivent dans les forêts sont verts (ci-dessus), afin de se fondre dans les feuilles, ou bruns (ci-dessous) afin de se mêler à l'écorce.

LES GÉANTS DE LA FORÊT

C'est dans les forêts tropicales que se retrouvent les plus gros insectes. L'atlas possède une envergure de 30 cm. Les corps des phasmes géants mesurent plus de 30 cm de long, et, lorsque les pattes sont maintenues droites, leur taille totale dépasse les 51 cm.

L'atlas de l'Asie du Sud-Est

LES « AFFRONTEMENTS » CONTINUENT

Lorsque les fleurs s'ouvrent, et que les graines et les fruits se développent, il y a des « luttes » semblables. Les cycles de vie des insectes sont synchronisés pour tirer le meilleur parti de leurs hôtes feuillus. La plupart du temps, les arbres et les insectes sont à égalité. Il arrive à l'occasion que des conditions inhabituelles entraînent une plus grande quantité d'insectes. Les arbres en ont alors pour des années avant de se remettre des dommages.

UNE BRINDILLE QUI FAIT PEUR

Il arrive que des phasmes déploient soudainement leurs ailes aux couleurs vives afin de faire peur à leurs ennemis.

UNE « TÊTE DE CACAHUÈTE »

Les fulgores porte-lanternes ne sont pas de vraies mouches, mais un type de punaise (hémiptères). De plus, la tête étrange en forme de cacahuète ne luit pas comme une lanterne, comme on le croyait jadis. Elle n'a seulement qu'une couleur vive pour attirer un partenaire. Plusieurs fulgores porte-lanternes aspirent la sève des arbres.

LES INSECTES AQUATIQUES

Aucun insecte ne vit dans le plus gros habitat du monde, soit les océans. Cependant, plusieurs types différents habitent les étangs, les lacs et les rivières d'eau douce. La plupart ne le font que lorsqu'ils sont jeunes, ou larves, et quittent lorsqu'ils ont atteint l'âge adulte.

LA NOTONECTE

Les notonectes (ci-dessus) sont des punaises prédatrices tout comme les gerris (page suivante). Ils se nourrissent d'une manière semblable, mais sous la surface, aspirant les liquides de la proie à l'aide de leur « bec ».

LE BESOIN D'AIR

La majorité des insectes respirent de l'air par de petits orifices situés le long des côtés de leur corps. Quelques insectes aquatiques, comme le dytique marginé, utilisent également ce système. Ils doivent donc remonter régulièrement à la surface pour se faire des réserves d'air frais.

RESPIRER PAR DES BRANCHIES

La majorité des insectes qui demeurent sous la surface de l'eau respirent à l'aide de branchies. Celles-ci sont habituellement des parties qui semblent duveteuses et qui sont situées à l'extrémité de la queue ou sous le corps. Lorsque le sang circule à travers les branchies, l'oxygène dissou dans l'eau se diffuse dans le sang. Les branchies occupent une grande surface de manière à prendre beaucoup d'oxygène. Les nymphes des libellules, des demoiselles et des éphémères communs respirent toutes de cette façon.

UNE PUNAISE D'EAU

Ce bélostome (à droite) possède des pattes antérieures en forme de « canif », comme celles d'une mante, pour attraper ses proies. Il se tapit parmi les herbes aquatiques et fonce pour piéger ses victimes.

LE CHEF DE L'ÉTANG

Dans plusieurs petits étangs, la nymphe de la libellule est le prédateur en tête, attrapant de petits poissons, des têtards et même de jeunes grenouilles.

MARCHER SUR L'EAU

Les gerris sont de vraies punaises (hémiptères),
passés maîtres dans l'art d'effleurer la surface de
l'eau ou d'y glisser sans couler. Leurs pattes sont
frangées de plusieurs petits poils qui emprisonnent
l'air et soutiennent leur poids sans briser la surface.
Les pattes antérieures détectent et capturent les
petites proies prises à la surface. La paire de pattes
du milieu rame comme des avirons, alors que
la paire de pattes postérieures sert à diriger.

Les gerris peuvent sauter et voler ainsi que glisser sur l'eau.

DES PRÉDATEURS ET DES PROIES

Certaines nymphes aquatiques sont des chasseuse, comme celles des libellules et des demoiselles. Elles attrapent toutes les petites créatures
aquatiques phytophages qu'elles peuvent maî-
triser, même les nymphes des éphémères communs et des perles. Toutes ces nymphes passent
entre une à trois année sous l'eau, grandissant
et perdant leurs enveloppes de la manière habi-
tuelle. Puis, elles escaladent les tiges jusqu'à ce
qu'elles sortent de
l'eau, fendent leur
enveloppe et en
sortent sous forme
d'adultes ailés.

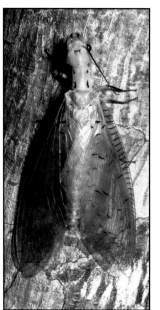

LA CORYDALE CORNUE

*Les nymphes de la corydale
cornue vivent sous l'eau
pendant quelques années, se
transforment en pupes, puis
ressortent en adultes avec
des envergures de 15 cm.*

LA PONTE DES ŒUFS

*Une demoiselle femelle pond
ses œufs dans les tiges
de plantes aquatiques
comme les roseaux.*

Les déserts sont parmi les habitats les plus rudes, étant donné que le manque d'eau cause d'énormes problèmes. Cependant, plusieurs insectes, avec leurs œufs résistants et leurs enveloppes étanches, peuvent y survivre.

LA NOURRITURE ET L'EAU

Dans plusieurs régions broussailleuses et désertiques, la nourriture est rare. Lorsqu'il y a peu de nourriture disponible, les insectes peuvent simplement ralentir leur métabolisme, devenir inactifs, et s'abriter dans les rochers et le sable. Cela est très différent des oiseaux et des mammifères, qui sont actifs et à sang chaud, et qui doivent manger régulièrement. En une année, un gros coléoptère mange moins d'un pour cent de la nourriture qu'ingère une souris de la même taille.

Les cycles de vie des insectes des déserts sont compatibles avec les conditions difficiles et changeantes. Les œufs résistants survivent à des chaleurs torrides et à de longues sécheresses. Lorsque les pluies arrivent et que cela favorise la croissance des végétaux, les œufs éclosent, et les larves ont de la nourriture.

ROULER DES DÉJECTIONS

Dans le désert, les déjections d'animaux représentent des sources précieuses d'humidité et de nutriments. Le bousier façonne une motte en boule, la fait rouler, creuse un trou, y dépose la boule, pond ses œufs dessus et la recouvre. Lorsque les larves éclosent, un délicieux repas les attend.

BOIRE LE BROUILLARD

Dans le désert de Namib, un ténébrion soulève son abdomen dans le brouillard du matin. Il boit les gouttes d'eau qui glissent le long de son corps.

LE GRILLON DE JÉRUSALEM

Le grillon du désert est très différent de ses parents qui habitent les forêts. Son corps de couleur pâle lui permet de se camoufler dans le sol sablonneux. Il peut, grâce à ses membres puissants, creuser rapidement pour trouver de la nourriture et pour se cacher de ses ennemis.

LA MUTILLE

Cette « fourmi » qui semble duveteuse est en réalité un type de guêpe. La femelle aptère court sur le sol à la recherche d'une pupe d'une autre guêpe. Elle pond ses œufs à l'intérieur de cette pupe, et ses larves mangent la pupe vivante.

LES CRIS SEXUELS

Comme dans plusieurs autres habitats, plusieurs coléoptères du désert laissent des traînées d'odeurs spéciales et frappent doucement le sol avec leurs pattes pour attirer un partenaire.

LE JOUR ET LA NUIT

Dans le désert, certains insectes sortent durant le jour, comme les criquets et quelques papillons. Toutefois, la majorité des insectes sortent seulement la nuit. Ils évitent ainsi la chaleur intense et d'être desséchés par le soleil. Dans la noirceur, ils peuvent également éviter les prédateurs. Ces insectes nocturnes comprennent plusieurs types de coléoptères qui examinent le sable à la recherche de petits bouts comestibles.

LE MÉLOÉ

Lorsqu'ils sont attaqués, certains types de méloés, ou scarabées à huile, suintent un liquide huileux dont le goût est horrible et qui peut causer des cloques. Plusieurs de ces méloés pondent leurs œufs dans les larves d'autres insectes.

LES FOURMILIONS

Les fourmilions s'apparentent aux chrysopes et possèdent des ailes semblables, soit larges et qui ressemblent à de la dentelle. Ils chassent les petits insectes et ils aspirent leurs fluides corporels à l'aide de leurs pièces buccales pointues, creuses et en forme de tube. La larve du fourmilion creuse un trou en forme de cône dans le sol sablonneux et attend enterrée au fond. De petites proies, comme les fourmis, tombent et glissent dans le trou. La larve les saisit alors avec ses grosses mâchoires en forme de tenailles.

Les fourmilions adultes ressemblent à des chrysopes, mais leurs antennes sont plus longues et courbées ou en massues.

LES INSECTES ET NOUS

S ur la Terre, la majeure partie du réseau de la vie dépend des insectes. Ils sont à la fois prédateurs, proies et pollinisateurs dans presque tous les habitats terrestres. Cependant, ils sont également nuisibles, nous causant du tort ainsi qu'à nos animaux domestiques, à nos animaux d'élevage et à nos cultures.

LES INSECTES QUI NOUS SONT UTILES

En tant que pollinisateurs, les insectes sont vitaux pour nos vergers et nos champs de légumes. Les insectes prédateurs, comme les coccinelles et les chrysopes, attrapent de petits insectes, comme les aphidiens (mouche noire et puceron), ce qui aide à contenir ces insectes nuisibles aux végétaux. Dans le monde, les gens mangent régulièrement plus de 500 types d'insectes, des grillons aux termites en passant par les vers et les chenilles. D'autres insectes fournissent plusieurs produits utiles.

DES POLLINISATEURS ESSENTIELS

Les papillons, les mouches, les abeilles, les coléoptères et plusieurs autres insectes transportent des grains de pollen, ce qui aide les fleurs à développer leurs graines et leurs fruits. Sans leur travail, nous cultiverions beaucoup moins de fruits et de légumes savoureux, et beaucoup moins de belles fleurs dans nos jardins.

LES PRODUITS DES INSECTES

Les abeilles produisent du miel pour nourrir leurs larves, mais nous en prélevons également pour notre usage. Les vers à soie sont en réalité des chenilles à soie de papillons nocturnes. Ils tissent des cocons autour d'eux, et nous utilisons le fil pour faire de la soie. La gomme-laque est un vernis spécial fabriqué par certaines cochenilles.

De la gomme-laque

Des ruches

De la soie

...S INSECTES NUISIBLES
...UR LES POMMES DE TERRE

...oryphore de la pomme de terre se nourrit des feuilles de pommes ...erre. Comme bien d'autres insectes nuisibles, cet insecte s'est propagé ...de nouvelles régions grâce à des expéditions de nourriture.

...S INSECTES QUI CAUSENT DU TORT

...mouches et d'autres insectes transportent des microbes ...tuent des millions de personnes chaque année. Des champs de culture géants ou d'immenses entrepôts remplis de fruits ou de grains représentent d'énormes repas pour certains insectes.

Nous vaporisons des insecticides chimiques, mais Ceux-ci tuent également les insectes non nuisibles qui font partie de l'alimentation des oiseaux et d'autres créatures. Ce dommage se répercute le long de la chaîne alimentaire et bouleverse l'équilibre de la nature.

PETITE, MAIS UTILE

La mouche des fruits *Drosophila* est attirée par les vieux fruits moisis. Cette mouche est très importante pour la science. Elle a été multipliée par milliards afin d'étudier l'hérédité, c'est-à-dire la façon dont les gènes agissent et comment ils sont transmis des parents à leur progéniture. Ces mouches sont faciles à maintenir, leur cycle de vie n'est que de 12 jours et elles existent sous plusieurs formes génétiques, ou mutations, différentes.

La rouge d'Oxford, une variante de la mouche des fruits, possède de gros yeux rouges causés par un gène muté.

UNE INFESTATION DE BLATTES

Cette blatte femelle pond une coque contenant les œufs, ou oothèque, qui contient environ 30 œufs. L'une des principales raisons qui explique le succès de cet insecte est la vitesse à laquelle il se reproduit. Étant donné leurs courts cycles de vie, ils peuvent devenir très nombreux en l'espace de quelques semaines.

La classification des animaux

Le règne animal peut être séparé en deux principaux groupes : les vertébrés (dotés d'une colonne vertébrale) et les invertébrés (sans colonne vertébrale). À partir de ces deux principaux groupes, les scientifiques classent, ou trient, les animaux selon leurs caractéristiques communes.

Les six principaux regroupements d'animaux, du plus général au plus spécifique, sont : le phylum, la classe, l'ordre, la famille, le genre et l'espèce. Ce système a été créé par Carolus Linnaeus.

Pour voir comment fonctionne ce système, un exemple de la classification des êtres humains dans les vertébrés et de celle des vers de terre dans les invertébrés est montré ci-dessous.

LE RÈGNE ANIMAL

LES VERTÉBRÉS

PHYLUM : Chordata

CLASSE : Mammifères

ORDRE : Primates

FAMILLE : Hominids

GENRE : *Homo*

ESPÈCES : *sapiens*

LES INVERTÉBRÉS

PHYLUM : Annelida

CLASSE : Oligochètes

ORDRE : Haplotaxida

FAMILLE : Lumbricidae

GENRE : *Lumbricus*

ESPÈCES : *terrestris*

Il y a plus de 30 groupes de phylums. Les neuf groupes les plus communs sont inscrits ci-dessous suivis de leurs noms courants.

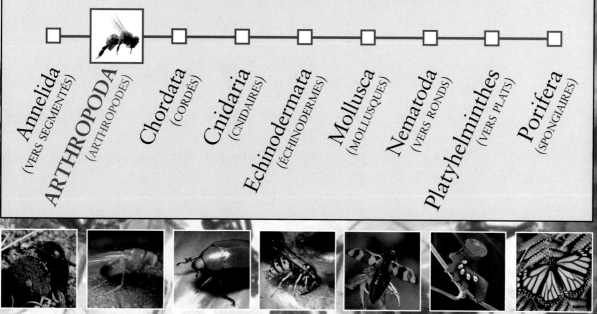

Annelida (VERS SEGMENTÉS)

ARTHROPODA (ARTHROPODES)

Chordata (CORDÉS)

Cnidaria (CNIDAIRES)

Echinodermata (ÉCHINODERMES)

Mollusca (MOLLUSQUES)

Nematoda (VERS RONDS)

Platyhelminthes (VERS PLATS)

Porifera (SPONGIAIRES)

Ce livre met en évidence les animaux du phylum *Arthropoda*.
L'exemple ci-dessous permet de savoir comment les scientifiques classent
la *viridula* ou la punaise verte des légumes.

LES INVERTÉBRÉS

PHYLUM : Arthropoda

CLASSE : Insectes

ORDRE : Meteroptera

FAMILLE : Pentatomidae

GENRE : *Nezara*

ESPÈCE : *viridula*

Une punaise verte des légumes (viridula)

GLOSSAIRE

ABDOMEN
Chez un insecte, c'est la partie postérieure du corps qui contient habituellement les parties impliquées dans la digestion, l'évacuation des déchets et la reproduction.

ANTENNES
Ce qui permet à un insecte de « sentir ». Habituellement, deux longues parties situées sur la tête qui sont sensibles au toucher, aux odeurs, au goût et aux mouvements, comme le vent et les courants des cours d'eau.

ARTHROPODES
Invertébrés dotés d'un exosquelette et de pattes articulées. Les arthropodes comprennent les insectes, les araignées et les scorpions.

CAMOUFLAGE
La dissimulation d'un animal par les couleurs et les motifs qu'il porte afin de se mêler et de se fondre dans les éléments qui l'entourent.

CUTICULE
La couche ou l'enveloppe externe du tégument d'un insecte offrant à celui-ci une protection.

CYCLE DE VIE
La vie entière d'un animal ou des végétaux. Chez la majorité des insectes, ce cycle se divise en quatre stades principaux : l'œuf, la larve (ou nymphe), la pupe et l'adulte.

ÉLYTRES
La paire antérieure d'ailes rigides et solides d'un coléoptère, qui protège la seconde paire d'ailes utilisée pour le vol.

ÉVOLUTION
Le changement qui s'opère chez les êtres vivants avec le temps de façon à ce qu'ils deviennent mieux adaptés ou compatibles avec les éléments qui les entourent ou leur environnement.

EXOSQUELETTE
L'enveloppe corporelle d'un insecte, avec les muscles reliés à son côté interne, qui agit comme la charpente de soutien ou le squelette du corps.

HABITAT
Un type particulier d'environnement ou de régions, comme un désert, un étang ou un rivage, où les végétaux et les animaux vivent.

INSECTIVORE
Un animal qui se nourrit principalement d'insectes et d'autres petites créatures semblables.

LARVE
Le deuxième stade dans la vie de la plupart des insectes. Elle éclot d'un œuf et est habituellement active, c'est-à-dire qu'elle se déplace et se nourrit.

MANDIBULES
Pièces buccales, qui ressemblent à des mâchoires, dont sont dotés certains insectes.

MÉTAMORPHOSE
Changement de la forme corporelle au cours de la croissance ou du développement.

MIGRATION
Un long trajet régulier, effectué habituellement à la même période chaque année, dans le but d'éviter les conditions rudes comme le froid et la sécheresse.

MIMÉTISME
Lorsqu'un animal n'est pas dangereux ou n'a pas un goût horrible, mais qu'il porte les couleurs ou les motifs lui permettant de ressembler à un autre insecte, le modèle, qui possède ces caractéristiques. Les prédateurs évitent l'insecte imitateur, étant donné qu'il ressemble au modèle.

NECTAR
Liquide sucré fabriqué par les fleurs afin d'attirer les insectes et d'autres créatures pour la pollinisation.

NYMPHE
Le deuxième stade ou stade d'immaturité dans la vie de certains insectes. La nymphe ressemble à l'adulte par sa forme et son aspect généraux.

ŒIL COMPOSÉ
Un œil formé de plusieurs parties ou sections différentes, appelées ommatidies, présent chez les insectes et chez certaines créatures semblables.

PARASITE
Un organisme qui répond à ses besoins, comme celui de se nourrir et de s'abriter, en vivant aux dépens d'un autre organisme, appelé l'hôte, et nuit à l'hôte par le fait même.

PARTHÉNOGENÈSE
Lorsqu'un animal femelle engendre des petits sans s'être accouplé avec un mâle.

PHÉROMONES
Substances chimiques odorantes dégagées par un insecte. Ces substances sont utilisées comme signaux de communication avec les autres insectes du même type.

PUPE
Le troisième stade dans la vie de certains insectes, après le stade de la larve et avant celui d'adulte.

STIGMATES
Petits orifices situés le long des côtés du corps d'un insecte qui permettent à l'air de pénétrer dans le réseau de tubes respiratoires, ou trachée.

THORAX
Chez un insecte, c'est la partie centrale du corps. Celle-ci porte habituellement les pattes et les ailes.

AUTRES RESSOURCES

À LA BIBLIOTHÈQUE
Birch, Robin. *Mosquitoes Up Close,* Chicago, Raintree, 2005.

Maynard, Christopher. *Bugs: A Close up View of the Insect World,* New York, Dorling Kindersley, 2001.

Miller, Sara Swan. *Ants, Bees, and Wasps of North America,* New York, Franklin Watts, 2003.

Robertson, Matthew. *Insects and Spiders, Pleasantville,* New York, Reader's Digest Children's Book, 2000.

Squire, Ann. *Termites,* New York, Children's Press, 2003.

SUR INTERNET
Pour obtenir de plus amples renseignements sur les *insectes,* utilise *FactHound* pour trouver les sites Web reliés à ce livre.

1. Rends-toi sur le site www.facthound.com;
2. Pour ta recherche, tape un mot relié à ce livre ou le numéro d'identification du livre : 0756512506;
3. Clique sur le bouton *Fetch It.*

FactHound trouvera pour toi les meilleurs sites Web.

INDEX